I0135998

JOSÉ EMILIO DEL PINO VIÑUELA

FÚTBOL BASE:
FICHAS PARA LA ENSEÑANZA EN ESCUELAS DE FÚTBOL

4-5 AÑOS

©Copyright: JOSÉ EMILIO DEL PINO VIÑUELA
©Copyright: De la presente Edición, Año 2018 WANCEULEN EDITORIAL

Título: FÚTBOL BASE: FICHAS PARA LA ENSEÑANZA EN ESCUELAS DE FÚTBOL. 4-5 AÑOS
Autor: JOSÉ EMILIO DEL PINO VIÑUELA

Editorial: WANCEULEN EDITORIAL
Sello Editorial: WANCEULEN EDITORIAL DEPORTIVA
Colección: WANCEULEN FÚTBOL FORMATIVO

ISBN (Papel): 978-84-9993-921-6
ISBN (Ebook): 978-84-9993-922-3

Depósito Legal: SE 1579-2018

Impreso en España. 2018

WANCEULEN S.L.
C/ Cristo del Desamparo y Abandono, 56 - 41006 Sevilla
Dirección web: www.wanceuleneditorial.com y www.wanceulen.com
Email: info@wanceuleneditorial.com

Reservados todos los derechos. Queda prohibido reproducir, almacenar en sistemas de recuperación de la información y transmitir parte alguna de esta publicación, cualquiera que sea el medio empleado (electrónico, mecánico, fotocopia, impresión, grabación, etc), sin el permiso de los titulares de los derechos de propiedad intelectual. Cualquier forma de reproducción, distribución, comunicación pública o transformación de esta obra solo puede ser realizada con la autorización de sus titulares, salvo excepción prevista por la ley. Diríjase a CEDRO (Centro Español de Derechos Reprográficos, www.cedro.org) si necesita fotocopiar o escanear algún fragmento de esta obra.

ÍNDICE

INTRODUCCIÓN

Mi casi medio siglo de experiencia como Entrenador de Fútbol de todas las edades, y como Profesor de Educación Física, me aporta una perspectiva privilegiada en cuanto a la evolución del fútbol base en todos sus aspectos. Ello me ha permitido percibir con mucha claridad la disminución en el nivel psicomotor de los jugadores, que van llegando y progresando en las escuelas y clubs de fútbol base.

Esto se debe a que el niño de épocas anteriores desarrollaba las habilidades motrices básicas con más facilidad, ya que el juego y el deporte (más o menos reglado) que realizaba diariamente en la calle, así lo permitía. El repertorio de movimientos de todo tipo (saltos, giros, carreras, lanzamientos...) ejecutados con toda la diversidad de intensidades y movimientos que pueda imaginarse, hacía que el bagaje psicomotor de los niños y adolescentes fuera muy alto, lo que les facilitaba la adaptación a los requerimientos motrices del deporte, tanto en el entrenamiento como en la competición.

Esta colección de fichas de enseñanza/entrenamiento, está sustentada por la experiencia de cerca de 50 años dando clases de Educación Física y entrenando a fútbol a niños de todas las edades. La idea es hacer énfasis en la necesidad del estímulo de las habilidades motrices básicas dentro del desarrollo global del joven jugador de fútbol, recuperar el objetivo de desarrollo psicomotor como un concepto indispensable para la formación de un jugador armónico y coordinado, y que debe formar parte de la planificación de cada temporada.

Concretamente, las actividades para el desarrollo de la psicomotricidad en nuestro deporte, deben hacer énfasis en los siguientes tipos de actividades:

- DESPLAZAMIENTOS: de frente, de espalda, lateral, en diagonal, en slalom, en zig-zag, a la pata coja, en cuadrupedia, de cuclillas...

- LANZAMIENTOS DE OBJETOS: fundamentalmente, como es obvio, con los pies. Pero también con las manos, con la cabeza, con el tronco... para ayudarnos con la coordinación dinámica general, la coordinación segmentaria, y la percepción espacio-temporal.

- SALTOS: de frente, de espaldas, de lado, en diagonal, con pies juntos, a la pata coja, saltando obstáculos, saltar

- GIROS: sobre el eje vertical, con desplazamiento horizontal.

- PERCEPCIÓN de movimientos, trayectorias y distancias, con objetos estáticos, en movimiento,

- EQUILIBRIO estático y dinámico.

- Cambios de ritmo, aceleración y desaceleración.

Las actividades están insertadas dentro de cada sesión de diversa manera: en unos casos en forma de juegos, en otros están encadenadas a acciones técnicas específicas, realizadas con o sin obstáculos o móviles, acciones individuales, en parejas, tríos, grupos... con la idea de ofrecer una variedad en cuanto a estructura y medios.

Cada ficha está dividida en 6 partes, procurándose que en todas las sesiones aparezca siempre la misma distribución:

1.- Número de la Sesión de entrenamiento. Periodo/Semana. Grupo.

2.- Objetivos de sesión en los aspectos físicos, técnicos y tácticos. Material a utilizar. Organización: individuales, por parejas, tríos, grupos...

3.- Animación. Actividades de calentamiento a través de ejercicios y juegos.

4.- Objetivos Físicos. Se desarrolla ejercicios específicos según los objetivos de la sesión.

5.- Objetivos técnicos. Se realizan actividades de acuerdo con los objetivos propuestos.

6.- Objetivos tácticos. Juegos de fútbol encaminados a lograr los objetivos propuestos.

Las fichas están realizadas respetando una coherencia interna en cuanto a la elección de las actividades y su secuenciación, pero invitamos a cada técnico a que, en función de su propia iniciativa, diseñe variantes sobre las actividades propuestas para, así, aumentar el repertorio de actividades disponibles.

La colección FÚTBOL: FICHAS PARA LA ENSEÑANZA EN ESCUELAS DE FÚTBOL, consta de 4 volúmenes que comprenden las edades entre 4 y 11 años, divididos de la siguiente forma:

- FICHAS PARA NIÑOS Y NIÑAS DE 4-5 AÑOS.
- FICHAS PARA NIÑOS Y NIÑAS DE 6-7 AÑOS
- FICHAS PARA NIÑOS Y NIÑAS DE 8-9 AÑOS
- FICHAS PARA NIÑOS Y NIÑAS DE 10-11 AÑOS

En cada volumen se ofrecen soluciones para toda la temporada, unas 28 semanas de entrenamiento a razón de 2 sesiones/semana, lo que suman 28 fichas de trabajo (a razón de 1 ficha por semana), ya que los objetivos y contenidos de cada ficha se repiten en cada una de las dos sesiones semanales con el objetivo de que se afiancen correctamente en el alumno o alumna, ya que el contenido de cada ficha y sus actividades se han diseñado de forma que sean lo suficientemente atractivas y útiles como para que la repetición de las mismas no suponga un inconveniente.

PLANIFICACIÓN DE LA TEMPORADA

4-5 años MES	1ª SEMANA	2ª SEMANA	3ª SEMANA	4ª SEMANA
OCTUBRE	Organización Grupos y equipos. Partidos.	Esquema y conocimiento corporal individual y por parejas. Control, toque individual. Defender una portería y atacar la otra. 1 — Esquema y conocimiento corporal individual y por parejas. Control, toque individual. Defender una portería y defender la otra. No apelotonarse. 2ª 2	Esquema y conocimiento corporal con aros. Control, toque por parejas. Defender una portería y atacar la otra. 3ª 3 — Esquema y conocimiento corporal con aros. Control, toque por parejas. Defender una portería y atacar la otra. No apelotonarse. 4 3ª	Esquema y conocimiento corporal con cuerdas. Control, toque por tríos. Defender una portería y atacar la otra. No apelotonarse. 4ª 5 — Esquema y conocimiento corporal con cuerdas. Control, toque por tríos. Defender una portería y atacar la otra. No apelotonarse. 6 4ª
NOVIEMBRE	Lateralidad con propio cuerpo y parejas. Control, toque por grupos. Pasar y no estorbar a los tuyos sin apelotonarse. 5ª 8 — Lateralidad con propio cuerpo y parejas. Control, toque por grupos. Pasar y no estorbar a los tuyos sin apelotonarse. 5ª 7	Lateralidad con balón. Control, toque y conducción individual. Pasar y no estorbar a los tuyos sin apelotonarse. 6ª 10 — Lateralidad con balón. Control, toque y conducción individual. Pasar y no estorbar a los tuyos sin apelotonarse. 6ª 9	Lateralidad con aros. Control, toque y conducción por parejas. Buscar espacios libres para atacar sin apelotonarse. 7ª 12 — Lateralidad con aros. Control, toque y conducción por parejas. Buscar espacios libres para atacar. 7ª 11	Lateralidad con cuerdas. Control, toque y conducción por tríos. Buscar espacios libres para atacar sin apelotonarse. 8ª 13 — Lateralidad con cuerdas. Control, toque y conducción por tríos. Buscar espacios libres para atacar sin apelotonarse. 8ª 12

4-5 años MES	1ª SEMANA		2ª SEMANA		3ª SEMANA		4ª SEMANA	
DICIEMBRE	Percepción espacio-temporal por parejas. Control, pase, conducción y tiro por parejas. Buscar posición al acabar las jugadas. 9ª 14	Percepción espacio temporal por parejas. Control, pase, conducción y tiro por parejas. Buscar la posición al acabar las jugadas. 9ª 15	Percepción espacio temporal con balón. Control, pase, conducción y tiro por tríos. Buscar la posición al acabar las jugadas. 10ª 16	Percepción espacio temporal con balón. Control, pase, conducción y tiro por tríos. Buscar la posición al acabar las jugadas. 10ª 17	Percepción espacio temporal con aros. Igual día anterior. 11ª 18	Percepción espacio temporal con aros. Control, pase, conducción y tiro por grupos. Buscar la posición al acabar las jugadas. 11ª 19	NAVIDAD	NAVIDAD
ENERO	NAVIDAD	NAVIDAD	Equilibrio individual y por parejas. Cabeceo. Colocación para defender. 12ª 20	Equilibrio individual por parejas. Cabeceo. Colocación para defender. 12ª 21	Equilibrio por parejas. Cabeceo por parejas. Colocación para defender. 13ª	Equilibrio por parejas. Cabeceo por parejas. Colocación para defender. 13ª 22	Desplazamientos por tríos. Cabeceo por tríos. Colocación para defender. 14ª 23	Desplazamientos por tríos. Cabeceo por tríos. Colocación para defender. 14ª 24
FEBRERO	Saltos y giros individual y por parejas. Cabeceo por grupos. Colocación para atacar 15ª 27	Saltos y giros individual y por parejas. Cabeceo por grupos. Colocación para atacar. 15ª 28	Saltos y giros con balón por parejas. Control y toque por parejas. Colocación para atacar. 16ª 29	Saltos y giros con balón por parejas. Control y toque por parejas. Colocación para atacar. 16ª 30	Saltos y giros por tríos. Control y toque por tríos. Colocación para atacar. 17ª 31	Saltos y giros por tríos. Control y toque por tríos. Colocación para atacar. 17ª 32	Saltos y giros con aros. Control y toque por grupos. Colocación para atacar. 18ª 33	Saltos y giros con cuerdas. Control y toque por grupos. Colocación para atacar. 18ª 34

4-5 años MES	1ª SEMANA		2ª SEMANA		3ª SEMANA		4ª SEMANA	
MARZO	Coordinación individual. Control, toque y conducción en circuito. Saques de puerta, banda y esquina. 19ª 35	Coordinación individual. Control, toque y conducción en circuito. Saque de puerta, banda y esquina. 19ª 36	Coordinación con cuerdas. Control, toque y conducción por parejas. Saques de puerta, banda y esquina. 20ª 37	Coordinación con cuerdas. Control, toque y conducción por parejas. Saques de puerta, banda y esquina. 20ª 38	Coordinación con balón. Control, toque y conducción por trios. Saques de puerta, banda y esquina. 21ª	Coordinación con balón. Control, toque y conducción por trios. Saques de puerta, banda y esquina. 21ª 40	SEMANA	SANTA
ABRIL	Técnica de la carrera. Circuito Control, toque, conducción y tiro por parejas. Movimientos del equipo en función del balón. 22ª 41	Coordinación individual. Circuito. Control, toque, conducción y tiro por parejas. Movimientos de equipo en función del balón. 22ª 42	Circuito de técnica de la carrera. Control, toque, conducción y tiro por trios. Movimientos del equipo en función del balón. 23ª 43	Circuito de técnica de la carrera. Control, toque, conducción y tiro por trios. Movimientos del equipo en función del balón. 23ª 44	FERIA	FERIA	Acond. general por parejas. Repaso de fundamentos técnicos. Movimientos del equipo en función del balón. 24ª 45	Acond. general por parejas. Repaso de fundamentos técnicos. Movimientos del equipo en función del balón. 24ª 46
MAYO	Acond. General por tríos. Repaso de fundamentos técnicos. Ayudar en defensa y en ataque. 25ª 47	Acond. General por tríos. Repaso de fundamentos técnicos. Ayudar en defensa y en ataque. 25ª 48	Acond. General por grupos. Repaso de fundamentos técnicos. Ayudar en defensa y en ataque. 26ª 49	Acond. General por grupos. Repaso de fundamentos técnicos. Ayudar en defensa y en ataque. 26ª 50	Circuito de acond general. Repaso de fundamentos técnicos Ayudar en defensa y en ataque. 27ª 51	Circuito de acond. General. Repaso de fundamentos técnicos. Ayudar en defensa y en ataque. 27ª 52	Circuito de acond. General. Repaso de fundamentos técnicos. Ayudar en defensa y en ataque. 28ª 53	Circuito de acond. general. Repaso de fundamentos técnicos. Ayudar en defensa y en ataque. 28ª 54

SESIONES

SESIÓN: 1-2	PERIODO: 2ª Semana	GRUPO: 4-5-años.

OBJETIVOS

Físicos: Esquema y conocimiento corporal.

Técnicos: Control y toque.

Táctico: Defender una portería y atacar la otra.

MATERIAL: Balones.

ORGANIZACIÓN: Individual y parejas.

GRÁFICO	ANIMACIÓN	GRÁFICO
	Correr por el campo y a la señal del monitor agruparse: 1) Por parejas. 2) Por tríos. 3) Grupos de 4. 4) Grupos de 5. Se repetirá varias veces y de forma aleatoria.	

	FÍSICOS	
	A) Correr por el campo y a la señal del monitor los jugadores se paran, prestan atención y se llevan las manos a distintas partes del cuerpo: 1) Cabeza. 2) Pecho. 3) Hombros. 4) Espaldas. 5) Ojos. 6) Orejas. 7) Rodillas. 8) Tobillos. 9) Codos. 10) Boca. 11) Nariz. 12) Frente. 13) Nuca. 14) Caderas. B) Por parejas corren uno detrás del otro con las manos: 1) En los hombros. 2) En la cintura 3) Espalda con espalda. 4) Hombro con hombro. C) Se empujan sin violencia. 1) Uno frente a otro y con manos en los hombros. 2) Cogidos de las manos tirar y desplazar al compañero. 3) Espalda con espalda empujarse. 4) Cogidos de las manos procurar pisarse.	

	TÉCNICO	
	1) Elevar el balón con las manos por encima de la cabeza y amortiguarlo con las manos. 2) Hacer la mismo, dejarlo botar y amortiguarlo con el pie. 3) Lo mismo sin dejarlo botar. 4) Elevarlo con el pie después de un bote y amortiguarlo con las manos. 5) Elevarlo con los pies y amortiguarlo con las manos. 6) Elevarlo con los pies, dejar que bote y amortiguarlo con los pies. 7) Dejar botar el balón, tocarlo con el pie y cogerlo con las manos. 8) Tocar el balón sin que bote y cogerlo con las manos. 9) Dar toques sucesivos con el pie después de un bote. (secuencia toque-bote-toque-bote…) 10) Alternar un toque alto bote con un toque bajo.	
	TÁCTICA	
	Se hacen dos equipos y se juega un partido teniendo en cuentan los siguientes puntos: 1) Defender su portería para que no hagan gol los adversarios. 2) Atacar la portería adversaria para hacer gol. 3) Cuando el balón sale por los lados o banda, saca un jugador del equipo contrario al último que le dio. 4) Cuando sale por la línea de gol se saca de puerta si le dio un atacante y es corner si es un defensa. 5) No se puede dar al balón con las manos, salvo el portero. 6) Tampoco se puede empujar, agarrar y poner zancadillas porque es falta. 7) No quitar el balón, ni estorbar a un jugador de tu equipo.	

EDITORIAL WANCEULEN

SESIÓN: 3-4	PERIODO: 3ª Semana	GRUPO: 4-5 años

OBJETIVOS:

Físicos: Esquema y conocimiento corporal.

Técnicos: Control y toque.

Tácticos: Defender y atacar sin apelotonarse.

MATERIAL: balones y aros.

ORGANIZACIÓN: Por parejas.

GRÁFICO	ANIMACIÓN	GRÁFICO
	Con los aros distribuidos por el suelo los jugadores corren libremente teniendo en cuenta: 1) Saltar los aros sin tocarlos. 2) Dar un saltando pisando el interior de aro con un pie. 3) Saltar el aro dando media vuelta en el aire. 4) Saltar dentro del aro con los pies juntos. 5) Tocar con una mano el interior del aro. 6) Hacer flexión de pierna e impulsarse hacia arriba desdel interior del aro.	
	OBJETIVOS FÍSICOS	
	Cada jugador con un aro corre por el campo según indique el monitor. 1) Cogido con las dos manos a la altura del pecho como el volante de un coche. 2) Igual por encima de la cabeza. 3) Por la espalda. 4) Metido por la cintura. 5) A la altura del cuello. 6) Llevando el aro con una mano por encima de la cabeza. 7) Llevando el aro a la altura del suelo. 8) Cambiándose continuamente el aro de mano. 9) Parar, dejar el aro en el suelo y meterse dentro de pie. 10) Igual sentado. 11) Igual boca abajo. 12) Igual de rodillas. 13) Igual boca abajo. 14) Igual agachado.	

16)	15) Sentado con los pies dentro y el cuerpo fuera. 16) Sentado con los pies fuera y el cuerpo dentro. 17) Dentro con los pies en el aire.	15) 17)

	OBJETIVOS TÉCNICOS	
	Los jugadores se sitúan uno frente a otro según el gráfico. 1) Se pasan balón después de controlar y tocar con el interior del pie. 2) Se lanza el balón hacia arriba con las manos, se amortigua también con las manos y se pasa al compañero que realiza lo mismo. 3) Igual y después de un bote, se amortigua con los pies y se pasa al compañero. 4) Igual sin dejarlo botar se amortigua con el pie y se pasa al compañero. 5) Uno pasa el balón con las manos y el compañero lo controla después de un bote y lo pasa. 6) Se desplazan uno hacia atrás y el otro hacia delante. El que corre hacia atrás controla el balón para que lo toque el que corre hacia delante. 7) Lo mismo controlando y pasando el que corre hacia atrás.	

	OBJETIVOS TÁCTICOS	
	Se hacen dos equipos teniendo en cuenta los puntos del día anterior.	

EDITORIAL WANCEULEN

SESIÓN: 5-6	PERIODO: 4ª Semana	GRUPO: 4-5-años

OBJETIVOS:

Físicos: Esquema y conocimiento corporal.

Técnicos: Control y toque por tríos.

Tácticos: Atacar y defender sin apelotonarse.

MATERIAL: Cuerdas y balones.

ORGANIZACIÓN: Por tríos.

GRÁFICO	ANIMACIÓN	GRÁFICO
	Las cuerdas se colocan en el suelo estiradas y los jugadores corren libremente. A la señal del monitor: 1) Saltan las cuerdas sin pisarlas. 2) La saltan a la pata coja. 3) Se impulsan con una pierna y caen con las dos. 4) Saltan dando media vuelta en el aire. 5) La saltan dos veces lateralmente. 6) La saltan dos veces hacia delante y atrás.	

OBJETIVO FÍSICO

GRÁFICO	ANIMACIÓN	GRÁFICO
	Cada jugador, con una cuerda doblada varias veces, corren con ella. 1) Llevándola en la mano derecha. 2) En la mano izquierda. 3) En el cuello como una bufanda. 4) En uno y otro hombro. 5) Sobre la cabeza. 6) Cogiéndola por las puntas haciéndola girar por encima de la cabeza como las aspas de un helicóptero. 7) Haciéndola girar por delante como las hélices de un avión. 8) Tirar la cuerda hacia arriba y cogerla con las dos manos. 9) Igual con una sola mano. 10) Tirarla hacia arriba y recogerla con el pie. 11) Igual con cualquier parte del cuerpo. 12) Igual y recogerla lo más cerca del suelo. 13) Igual recogerla sentado. 14) Hacer la culebra corriendo hacia atrás. 15) Liarse la cuerda en el cuerpo girando el cuerpo. 16) Saltar la comba.	

OBJETIVO TÉCNICO

GRÁFICO	ANIMACIÓN	GRÁFICO
	Los jugadores se colocan según el gráfico: 1) Se pasan el balón realizando control y pase intercambiando las posiciones. 2) Se alterna control y toque con primer toque. 3) Se pasa el balón a primer toque.	

	4) Se coloca uno en medio y recibe el balón de los compañeros. El del centro controla el balón situándose lateralmente y lo pasa al otro compañero. (Cada cierto tiempo se cambia el del medio) 5) Igual el del centro hace pared con los extremos. 6) Forman un triángulo y se pasan el balón orientándolo en dirección del pase. (Al cabo de un tiempo se cambia de sentido) 7) Uno recibe y pasa el balón a los dos compañeros según el gráfico.	
	OBJETIVO TÁCTICO	
	Se hacen dos equipos y se juega un partido orientado teniendo en cuenta lo trabajado en lo técnico e insistir en los puntos trabajados en las sesiones anteriores.	

EDITORIAL WANCEULEN

SESIÓN: 7-8	PERIODO: 5ª Semana	GRUPO: 4-5 AÑOS

OBJETIVOS:
Físicos: Lateralidad.
Técnicos: Control y toque.
Tácticos: Jugar con los compañeros.
MATERIAL: balones.
ORGANIZACIÓN: Por grupos.

GRÁFICO	ANIMACIÓN	GRÁFICO

	Juego: Las estatuas.
	Los jugadores corren por el campo y a la señal del monitor se paran haciendo una estatua:
	  1) Un jugador chutando.
	  2) Un cantante.
	  3) Un torero.
	  4) Celebrando un gol.
	  5) La parada de un portero.	

	OBJETIVO FÍSICO	
	Los jugadores se ponen por parejas. 1) Corren uno detrás de otro con la mano derecha en el hombro del de delante y a la señal el primero se pone el último. 2) Corren de igual manera con la mano izquierda. 3) Corren uno detrás de otro con la mano derecha en el hombro del de adelante y a la señal el último se pone primero saliendo por la derecha. 4) Igual que el anterior con la mano izquierda y salen por la izquierda. 5) Se paran separándose a la distancia de brazos abiertos y el último adelanta en slalon a los compañeros poniéndose primero y así sucesivamente. 6) Lo mismo corriendo de espalda. 7) Uno detrás de otro y piernas abiertas el último se pone primero pasando por debajo de las piernas. 8) Formando un círculo cogido de las manos se desplazan girando. 9) Formar el círculo con los alumnos mirando hacia fuera y desplazarse girando.	
	OBJETIVO TÉCNICO	
	En grupos de 4 se colocan según el gráfico. 1) Control y toque con cambio de posición. 2) Alternar control y toque con toque a la primera. 3) Formando un triángulo con dos en un vértice y uno en los otros dos y se pasan el balón con control y toque y cambio de posición. 4) Lo mismo cambiando de sentido.	

	5) Alternar control y toque con toque a la primera. 6) Igual con cambio de sentido. 7) Hacer lo anterior a un solo toque. 8) Cambio de sentido. 9) Alternar conducción con toque a la primera. 10) Cambio de sentido. 11) Control y toque después de botar el balón. Para ello se debe alternar pasar con las manos y realizar la acción técnica. 12) Realizar el mismo ejercicio con toque a la primera.	
	OBJETIVO TÁCTICO	

SESIÓN: 9-10	PERIODO: 6ª Semana	GRUPO: 4-5 años

OBJETIVOS:
 Físicos: Lateralidad.
 Técnicos: Control, toque y conducción.
 Tácticos: Pasar el balón sin apelotonarse.
MATERIAL: balones.
ORGANIZACIÓN: Individual

GRÁFICO	ANIMACIÓN	GRÁFICO
	Juego: Tú la llevas. Uno o dos jugadores llevan un peto en las manos y persiguen a los demás. Los tocados se quedan con el peto y tratan de tocar a otros	
	OBJETIVO FÍSICO	
	Cada jugador corre por el campo con el balón en las manos y a la señal del entrenador los jugadores se paran y realizan lo siguiente: 1) Botar el balón con la mano derecha. 2) Botar el balón con la mano izquierda. 3) De pie detrás del balón. 4) De pie delante del balón. 5) Sentado delante del balón. 6) Sentado al lado del balón. 7) Sentado al lado del balón. 8) De pie con el balón a la derecha. 9) De pie con el balón a la izquierda. 10) Boca arriba detrás del balón. 11) Boca arriba delante del balón. 12) Boca arriba con el balón a la derecha. 13) Boca arriba con el balón a la izquierda. 14) Boca abajo detrás del balón. 15) Boca abajo delante del balón. 16) Boca abajo con el balón a la derecha. 17) Boca abajo con el balón a la izquierda. 18) Tumbado detrás del balón.	

	OBJETIVO TÉCNICO	
4) 6) 8) 10) 12) 14) 16)	1) Botar el balón con la mano derecha. 2) Botar el balón con la mano izquierda. 3) Desplazarse corriendo con el balón en la palma de la mano con el brazo extendido. 4) Cambiar el balón de una mano a otra. 5) Lanzar el balón hacia arriba y recogerlo antes de que caiga al suelo. 6) Conducir el balón sin tropezar con los compañeros. 7) Dejar botar el balón y con el pie lanzarlo hacia arriba para recogerlo con las manos. 8) Lo mismo sin el bote previo. 9) Dar pequeños toques de balón con el pie después de botar en el suelo. (Secuencia toque, bote, toque, bote...) 10) Lanzar el balón hacia arriba y amortiguarlo con el pie. 11) Lanzar el balón hacia arriba y amortiguarlo con el muslo. 12) Lanzar el balón hacia arriba y amortiguarlo con el pecho. 13) Pisar el balón y deslizar la planta del pie desde la puntera al talón y viceversa. 14) Hacer lo mismo deslizando el pie del dedo pulgar al meñique del pie. 15) Desplazarse pisando el balón hacia atrás. 16) Desplazarse pisando el balón lateralmente.	1) 3) 5) 7) 9) 11) 13) 15)
	OBJETIVO TÁCTICO	
	Insistir en los temas tratados en sesiones anteriores.	

SESIÓN: 11-12	PERIODO: 7ª Semana	GRUPO: 4-5 años.

OBJETIVOS:
  Físicos: Latelaridad.
  Técnicos: Control, toque y conducción.
  Tácticos: Buscar espacios libres para atacar sin apelotonarse.
MATERIAL: Aros y balones.
ORGANIZACIÓN: Por parejas.

GRÁFICO	ANIMACIÓN	GRÁFICO
2) 4) 6) 8)	Los aros se distribuyen por el campo y los alumnos corren libremente. A la señal del monitor éstos deben: 1) Saltar los aros sin tocarlos. 2) Pasar por el aro pisando con una pierna. 3) Pasar pisando con las dos piernas. 4) Tocar el interior con una mano. 5) Tocar el interior con las dos manos. 6) Pisar el borde con el pie derecho. 7) Tocar el borde con la mano derecha. 8) Pisar el borde con el pie izquierdo. 9) Tocar el borde con la mano izquierda.	1) 3) 5) 7)

	OBJETIVO FÍSICO	
2) 4) 6) 8)	Los alumnos corren cogidos de las manos y a la señal del monitor, sin soltarse, se colocan en el aro más próximo: 1) De pie dentro del aro. 2) Sentados espalda con espalda. 3) Uno sentado y otro de pie. 4) Sentados uno dentro y otro fuera. 5) Sentados mirándose. 6) Tumbados boca abajo. 7) Uno boca abajo y otro de pie. Con un aro por pareja se colocan uno frente a otro y se pasan el aro: 8) Rodando por el suelo.	1) 3) 5) 7)

9) Por el aire sin que caiga al suelo.

10) Con el pie arrastrando por el suelo.

11) Con el pie rodando.

12) Uno hace girar el aro en el suelo como una peonza y el otro lo salta.

13) Tirarlo de ida y vuelta de forma alternativa.

14) Uno lo tira de ida y vuelta y el otro lo salta.

OBJETIVO TÉCNICO

Uno frente a otro, según el gráfico y realizan los ejercicios siguientes:
1) Control y pase los dos jugadores.

2) Uno realiza control y pase y el otro lo pasa a la primera.
3) Los dos lo pasan a la primera.

4) Uno conduce, pasa por detrás del compañero, vuelve al punto de partida y pasa el balón al compañero para que haga lo mismo.
5) Uno conduce, al llegar cerca del compañero se da un autopase de manera que el balón vaya por lado y el jugador por otro. Se hace con el balón y vuelve al punto de partida.
6) El que conduce al llegar cerca del compañero le pasa el balón entre las piernas.

OBJETIVO TÁCTICO

En el partido orientado tener en cuenta que la forma más eficaz de atacar es buscar los espacios que no estén ocupados por los adversarios y compañeros.
Los compañeros del poseedor del balón deben moverse para dejar los espacios libres.

SESIÓN: 13-14	PERIODO: 8ª Semana	GRUPO: 4-5 años.

OBJETIVOS:
Físicos: Lateralidad.
Técnicos: Control, toque y conducción.
Tácticos: Buscar espacios libres para atacar sin apelotonarse.
MATERIAL: Cuerdas y balones y conos.
ORGANIZACIÓN: Por parejas y tríos.

GRÁFICO	ANIMACIÓN	GRÁFICO
	Juego: La piraña. Los jugadores se sitúan en la línea de fondo. El que la queda se coloca en la mitad del campo. A la señal del monitor deben atravesar el campo sin ser cogidos. El que lo sea, se añadirá al compañero y así sucesivamente.	

	OBJETIVO FÍSICO	
	Cada pareja dispone de una cuerda: 1) Uno detrás de otro. El de adelante lleva la cuerda por la cintura y el compañero la lleva por los extremos como un cochero. Corren sin tropezar con los demás. 2) El que lleva la cuerda por la cintura corre hacia atrás y el otro hacia delante. 3) Uno con la cuerda, corriendo hacia atrás "culebrea" la cuerda por el suelo y el otro trata de pisarla. Al pisarla cambian e función. 4) Uno corre con la cuerda sujeta por la cintura, entre el pantalón y su cuerpo, a modo de cola y el compañero trata de pisar la cuerda. 5) Los dos tiran de la cuerda por los extremos tratando de desplazar al compañero. 6) Uno oscila la cuerda cerca del suelo y el compañero trata de que no le toque saltando. 7) Saltar a la comba y cambian cuando uno falle.	

	OBJETIVO TÉCNICO	
	Se colocan según el gráfico y realizan los ejercicios siguientes: 1) Control y pase y cambio de posición. 2) Alternar control y pase con toque a la primera. 3) Alternar conducción con pase a la primera. Cambiando de posición, según el gráfico, se realiza los ejercicios siguientes:	

	1) Se conduce hasta el cono, para el balón y lo pasa al compañero. Se vuelve al punto de partida corriendo. 2) Conducción de ida y vuelta. 3) Conducción en slalon entre los conos y pasar al compañero. 4) Conducción en slalon de ida y vuelta. 5) Conducción en zig-zag y pasar al compañero. 6) Conducción en zig-zag de ida y vuelta. 7) Conducir y pasar el balón entre los conos con ida y vuelta.	
	OBJETIVO TÁCTICO	
	Insistir en no apelotonarse y dejar espacios libres para poder atacar.	

EDITORIAL WANCEULEN

SESIÓN: 15-16	PERIODO: 9ª Semana	GRUPO: 4-5 años.

OBJETIVOS:
  Físicos: Percepción espacio-temporal.
  Técnicos: Control, pase, conducción y tiro.
  Tácticos: Buscar la posición al acabar las jugadas.
MATERIAL: Balones.
ORGANIZACIÓN: Por parejas.

GRÁFICO	ANIMACIÓN	GRÁFICO
	Juego. Cabeza de serpiente. Dos compañeros la quedan. Persiguen a sus compañeros y según vayan cogiendo se les une cogidos por las manos. Gana el que más jugadores reúne al final del juego.	

OBJETIVO FÍSICO

Cogidos de las manos y sin soltarse corren por el campo y a la señal del monitor:

1) Se sientan.

2) Se ponen boca abajo.

3) Boca arriba.

4) Uno sentado y otro de pie.

5) Uno boca abajo y otro boca arriba.

6) Uno detrás de otro. El de atrás lleva las manos sobre el hombro del compañero y se desplaza saltando con los pies juntos.

7) Con igual disposición el de atrás se desplaza saltando abriendo y cerrando piernas.

8) Cogidos de las manos tratan de pisar y no ser pisado.

9) Cogidos de las manos tiran con fuerza para desplazar al compañero.

10) Espalda con espalda se empujan para desplazar al compañero.

11) Hombro con hombro con igual objetivo.

12) Cogido con una mano tratan de golpear en el trasero al compañero y no ser golpeado.

	OBJETIVO TÉCNICO	
	Se hacen dos porterías y en cada una ellas tiran a puerta cada pareja alternando la posición de portero con la de tirador. 1) Tirar a balón parado. Se hace primero frente a la portería y posteriormente se disminuye el ángulo de tiro. 2) Tirar con el balón en movimiento mediante un toque hacia delante. 3) Tirar con el balón botando después de lanzarlo con las manos. 4) Tirar después de una pequeña conducción. 5) Tirar después de conducir en slalon. 6) Tirar después de regatear al portero.	
	OBJETIVO TÁCTICO	
	En el partido orientado recordando los puntos tratados con anterioridad y que busquen la posición que deben ocupar al finalizar las jugadas.	

EDITORIAL WANCEULEN

SESIÓN: 17-18	PERIODO: 10ª Semana.	GRUPO: 4-5 años.

OBJETIVOS:

Físicos: Percepción espacio-temporal.

Técnicos: Control, pase, conducción y tiro.

Tácticos: Buscar la posición al acabar las jugadas.

MATERIAL: Balones y conos.

ORGANIZACIÓN: Por tríos.

GRÁFICO	ANIMACIÓN	GRÁFICO
	Juego: Las cuatro esquinas. En el perímetro del campo y a distancia equidistante se colocan tantos conos como tríos haya menos uno. Los conos hacen de esquinas. Los jugadores juegan cogidos de las manos y no se pueden soltar. Cada trío ocupa un cono y el que la queda se coloca en el centro. A la señal del monitor todos deben de cambiar de esquinas y los que la quedan ocupar una que quede libre.	

	OBJETIVO FÍSICO	
2) 4) 6) 8) 2) 4) 	Los jugadores corren por el campo cogidos de las manos y sin soltarse a la señal del monitor se colocan: 1) Sentados. 2) A la pata coja. 3) Boca arriba. 4) Boca abajo. 5) Sentados juntando los pies. 6) Sentados juntando las espaldas. 7) Formando un triángulo. 8) De pie dándose la espalda. Los jugadores corren sueltos y uno detrás de otro y sin perder la fila deben moverse según indique el monitor: 1) A la derecha. 2) A la izquierda. 3) Media vuelta. 4) Muy lento. 5) Rápido. 6) Muy rápido. Siguen corriendo con la misma disposición y hacen lo siguiente: 1) El primero se pone último dando media vuelta. 2) Igual corriendo de espalda.	1) 3) 5) 7) 1) 3) 1)

3) Igual lateralmente mirando a los compañeros.

4) Igual lateralmente mirando para afuera.

5) El último se pone primero por la derecha.

6) Igual por la izquierda.

7) Por la derecha corriendo de espalda.

8) Por la izquierda igual.

9) Lateralmente mirando a los compañeros y por la derecha.

10) Igual por la izquierda.

OBJETIVO TÉCNICO

Los jugadores se colocan por tríos frente a una portería.

Estos ejercicios tienen cierta complejidad en cuanto a los movimientos que tienen que realizar los jugadores para realizar el tiro. Primero se hacen los movimientos y el balón se maneja con las manos y sin tirar a puerta. Según asimilen los desplazamientos a realizar se avanza en completar el ejercicio.

1) Colocándose según el gráfico los jugadores llevan el balón en las manos e intercambian de posición.

2) Realizan el mismo ejercicio y se desplazan en dirección a la portería y al llegar a la distancia adecuada uno tira con las manos para hacer gol. (Este ejercicio se repetirá varias veces hasta que los tres componentes del grupo hayan realizado varios tiros.)

3) Lo mismo realizando en tiro con el pie desde el suelo.

4) Igual con el pie de volea.

5) El balón se pasa con las manos e intercambian de posición.

6) Lo mismo acercándose a la portería y tirando con las manos.

7) Lo mismo tirando con el pie desde el suelo.

8) Lo mismo tirando con el pie de volea.

9) El intercambio de balón lo hacen mediante una conducción.

10) Igual acercándose a la portería y tirando con el pie.

11) Se pasan el balón con el pie e intercambia de posición.

12) Acercándose a la portería y tiran a puerta.

OBJETIVO TÁCTICO

Insistir en el partido orientado que cuando acaba la jugada todos deben volver a su posición de partida.

EDITORIAL WANCEULEN

SESIÓN: 19-20	PERIODO: 11ª Semana	GRUPO: 4-5 años.

OBJETIVOS:
Físicos: Percepción espacio-temporal.
Técnicos: Control, pase, conducción y tiro.
Tácticos: Buscar la posición al acabar las jugadas.
MATERIAL: Aros y balones.
ORGANIZACIÓN: Individual y parejas.

GRÁFICO	ANIMACIÓN	GRÁFICO
2) 4)	Los aros distribuidos por el campo y los jugadores corriendo libremente a la señal del monitor realizan lo siguiente: 1) Saltan por encima del aro. 2) Saltan impulsándose en el interior del aro. 3) Saltan impulsándose con los pies juntos desde el interior del aro. 4) Saltar dando media vuelta en el aire. 5) Hacer flexión de piernas e impulsarse en el interior del aro.	1) 3) 5)
	OBJETIVO FÍSICO	
2) 4) 6) 8)	Cada uno con un aro realizan los ejercicios siguientes: 1) Correr con el aro en la cintura. 2) Rodar el aro impulsándolo con las manos. 3) El aro de ida y vuelta. 4) Hacerlo girar en el brazo a la altura de la muñeca. 5) Hacerlo girar como una peonza y pasarle alternativamente una pierna y otra por encima. 6) Lanzarla hacia arriba y recogerlo después de un bote en el suelo. 7) Lanzarlo hacia arriba e introducirse en su interior. 8) Lanzarlo de ida y vuelta y saltarlo al volver.	1) 3) 5) 7)
	OBJETIVO TÉCNICO	
2)	Los jugadores se colocan por parejas delante de la portería según el gráfico y realizan los siguientes ejercicios: 1) Conducción, relevo técnico, conducción y tiro. 2) Pase, control, conducción y tiro.	1)

3) Pase, pared, conducción y tiro.

4) Pase control orientado, conducción y tiro.

5) Pase a media altura con las manos, control, conducción y tiro.

6) Pase con las manos, pared después de botar en el suelo, pared, conducción y tiro.

7) Pase con las manos igual que anterior, control orientado, conducción y tiro.

OBJETIVO TÁCTICO	
Insistir en los conceptos trabajados con anterioridad.	

EDITORIAL WANCEULEN

SESIÓN: 21-22	PERIODO: 12ª Semana.	GRUPO: 4-5 años.

OBJETIVOS:
Físicos: Equilibrio
Técnicos: Cabeceo
Tácticos: Colocación para defender.
MATERIAL: Balones de goma espuma.
ORGANIZACIÓN: Individual y parejas

GRÁFICO	ANIMACIÓN	GRÁFICO
	Juego: El pelotazo. Con uno o dos balones de goma espuma se juega a darle pelotazos a los compañeros. Se pueden ir añadiendo balones para darle más movilidad al juego.	
	OBJETIVO FÍSICO	
2) 4) 6) 8) 10)	Los jugadores corren por el campo y a la señal del monitor hacen lo siguiente: 1) Pararse en seco con los pies juntos. 2) Pararse y guardar equilibrio con una sola pierna. 3) Dar un salto y quedarse quieto sobre las dos piernas. 4) Dar un salto y quedarse quieto sobre una sola pierna. 5) Dar un salto y media vuelta en el aire y quedarse quieto. 6) Dar dos saltos con los pies juntos y quedar en equilibrio. 7) Dar tres saltos seguidos con los pies juntos y quedar en equilibrio. 8) Dar saltos a la pata coja con esta secuencia: uno derecha, otro izquierda, dos derecha, dos izquierda, tres derecha, tres izquierda... 9) Saltar a la pata coja lateralmente. 10) Correr sobre las líneas del campo. 11) Desplazarse con los pies juntos a un lado y otro de las rayas del campo.	1) 3) 5) 7) 9)
	OBJETIVO TÉCNICO	
	Los jugadores se sitúan uno frente a otro, según el gráfico, y realizan lo siguiente: 1) Con el balón en las manos se desplazan a rodear al compañero y volver al punto de partida, golpeando con el frontal.	1)

2) Lanzar el balón hacia arriba y cogerlo con las manos.
3) Con el balón en las manos golpearlo con la frente y enviarlo al compañero.
4) Lanzarlo hacia arriba y enviarlo al compañero.
5) El compañero lo envía con las manos y el otro cabecea.
6) Uno lo envía con la cabeza y el compañero lo devuelve de la misma forma.
7) Tratar de cabecear tres veces seguidas sin que caiga el balón al suelo.
8) Aumentar poco el número de golpes con la cabeza.

OBJETIVO TÁCTICO

Se trata de orientar a los jugadores que para defender su portería tienen que colocarse entre el adversario y la meta.

Concretar en los saques de banda, esquinas y faltas cerca de la portería.

SESIÓN: 23-24	PERIODO: 13ª Semana	GRUPO: 4-5 años.

OBJETIVOS:
  Físicos: Equilibrio
  Técnicos: Cabeceo
  Tácticos: Colocación para defender.
MATERIAL: Balones goma-espuma y conos pequeños.
ORGANIZACIÓN: Por parejas y tríos.

GRÁFICO	ANIMACIÓN	GRÁFICO
	Se dividen en dos o tres grupos y juegan a ver que, grupo mantiene con mayor número de toques el balón en el aire.	
	OBJETIVO FÍSICO	
2) 4) 6)	1) Los dos sobre una línea del campo uno frente a otro, tratan de desequilibrarse golpeándose en la palma de las manos. 2) Cogidos por una mano el llamado "pulso gitano". 3) Hombro con hombro se empujan para desequilibrarse. 4) Uno tumbado boca abajo y el otro lo salta lateralmente. 5) Uno tendido boca abajo con las piernas y brazos abiertos y el otro salta piernas y brazos a la pata coja. 6) Uno tendido boca arriba con las piernas flexionadas y el compañero lo salta a la altura de las rodillas. 7) Uno de rodillas con un brazo extendido lo oscila de un lado a otro y el compañero lo salta.	1) 3) 5) 7)
	OBJETIVO TÉCNICO	
2) 4)	Los jugadores se colocan por tríos según el gráfico e intercambia sus posiciones continuamente. 1) Con el balón cogido entre las manos, para tomar conciencia de la superficie de golpeo, golpean el balón reiteradamente con el frontal, mientras se desplazan hasta donde está el compañero. 2) Lo mismo dando pequeños saltos en el momento del golpeo. (Es importante recalcar que el golpeo debe darse en el punto más alto del salto). 3) Lo mismo y al llegar a la mitad del recorrido, soltar el balón en el momento del golpeo y enviárselo al compañero de frente. 4) Lanzar el balón hacia arriba y enviarlo de cabeza al compañero. 5) Lanzar el balón con las manos al compañero que le golpea con la cabeza.	1) 3) 5)

	6) Enviar el balón con la cabeza y el compañero lo devuelve del mismo modo. 7) Uno se pone en el centro y envía el balón con las manos a uno de los extremos que le golpea de cabeza hacia el compañero del otro extremo. 8) Limitando con cono el espacio del que está en medio, los extremos se pasan el balón con las manos sin que lo intercepte el compañero del centro. 9) Lo mismo pasando el balón con la cabeza. El del centro trata de interceptar el balón sin utilizar las manos.	
	OBJETIVO TÁCTICO	
	Insistir en la colocación de los jugadores en el momento de defender en general y en las acciones a balón parado.	

SESIÓN: 25-26	PERIODO: 14ª Semana	GRUPO: 4-5 años.
OBJETIVOS: Físicos: Desplazamientos. Técnicos: Cabeceo por tríos. Tácticos: Colocación para defender. **MATERIAL: Balones de goma-espuma y conos.** **ORGANIZACIÓN: Por tríos.**		
GRÁFICO	ANIMACIÓN	GRÁFICO
	Juego al pelotazo con los balones de goma-espuma.	
	OBJETIVO FÍSICO	
2)	Los jugadores corren por el campo y realizan tipos de desplazamientos: 1) Desplazamientos laterales hacia un lado y otro. 2) Desplazamiento hacia atrás. Por parejas uno es el número **1** y el otro el **2**. A la señal del monitor: 1) Los números **1** se quedan parados y los **2** corren sin tropezar con nadie. Al cabo de un tiempo cambian las funciones. 2) Igual que el anterior, realizando los desplazamientos de forma lateral. 3) Igual corriendo de espalda. 4) Los 1 andan despacio y los dos corren sorteando todos los obstáculos móviles. 5) Igual con desplazamientos laterales. 6) Igual con desplazamientos de espalda.	1) 1) 2)
	OBJETIVO TÉCNICO	
2) 4)	Se colocan según el gráfico y realizan los siguientes ejercicios: 1) Lanzar el balón hacia arriba y cabecear hacia el compañero. 2) Lanzar el balón hacia arriba y cabecear dos veces para enviarlo al compañero. 3) Lanzar el balón con las manos para que cabecee el compañero. 4) Lanzar el balón con las manos y cabecear todas las veces posibles. 5) Uno se coloca en medio y cabecea hacia atrás el balón lanzado con las manos por el compañero.	1) 3) 5)

	6) Uno lanza el balón hacia arriba perpendicularmente y el compañero que está al lado cabecea hacia el otro compañero. El cabeceador se desplaza hacia él, se hace con el balón y lo lanza para que cabecee el receptor. 7) Uno se coloca detrás de otro y debe cabecear el balón por encima del compañero que hace oposición pasiva. 8) Dos jugadores tratan de pasarse el balón de cabeza ante la oposición del tercero que tiene delimitado por dos conos su campo de acción.	
	OBJETIVO TÁCTICO	
	Como en días anteriores insistir en buscar la posición al acabar las jugadas y en la situación con respecto al adversario para defender la portería	

SESIÓN: 27-28	PERIODO: 15ª Semana	GRUPO: 4-5 años.

OBJETIVOS:
  Físicos: Saltos y giros
  Técnicos: Cabeceo.
  Tácticos: Colocación para atacar.
MATERIAL: balones goma-espuma y conos.
ORGANIZACIÓN: Individual y parejas.

ANIMACIÓN	GRÁFICO
Juego: Las 4 esquina por parejas. Se colocan alrededor del campo tantos conos como parejas haya, menos una. Los jugadores cogidos de las manos ocupan dichos conos, "quedándose" una pareja. A la señal del monitor todas las parejas deben cambiar de sitio, aprovechando el movimiento la pareja que la "queda" de ocupar algún sitio libre. La "queda" la que no encuentre sitio libre.	

OBJETIVO FÍSICO	
Los jugadores se ponen por parejas. Uno será el **1** y el otro el **2**. Los jugadores correrán por el campo y a la señal del entrenador harán: 1) Los **1** se quedan quietos y los **2** correrán esquivando todos los obstáculos. (En todos los ejercicios cada cierto tiempo cambian las funciones) 2) Igual que el anterior, los que se desplazan harán un giro alrededor de cada obstáculo que se encuentre. 3) Los **1** se ponen boca abajo. Los **2** correrán saltando por encima de los compañeros. 4) Con igual disposición saltarán con los pies juntos. 5) Salto exagerado cayendo con las piernas semiflexionadas y equilibrado. 6) Saltar de un lado a otro al que está en el suelo. 7) Saltar dando media vuelta en el aire. 8) Saltar en sentido longitudinal con los pies juntos. Cada uno con su pareja realizarán lo siguiente: 1) Uno boca abajo y el otro lo salta lateralmente con los pies juntos. 2) Saltar de un lado a otro a la pata coja. 3) Saltar con pies juntos dando medio giro en el aire. 4) Saltar con pies juntos adelante y atrás.	

	OBJETIVO TÉCNICO	
	Se hacen grupos de 6 formando un triángulo con dos jugadores en cada vértice. Los ejercicios se realizan cambiando continuamente de posición. Los primeros ejercicios se harán con dos balones partiendo de distintos vértices. 1) En carrera con el balón en las manos se lleva al compañero del siguiente vértice. 2) Se lanza el balón con las manos y se cambia de posición. 3) Sin soltar el balón se golpea con el frontal hasta la posición del compañero. 4) Igual, golpeando el balón hacia la mitad del recorrido hacia el compañero. 5) Se lanza el balón hacia arriba y se golpea con la cabeza hacia el compañero. Forman una fila con un jugador frente a ellos según el gráfico. 1) El que está frente al grupo envía el balón con las manos al primero que lo devolverá también con las manos, agachándose a continuación. Lo mismo hará con el segundo y el resto de los jugadores hasta que llegue al último que se hará con el balón y correrá a ponerse frente al grupo sustituyendo al anterior que se pondrá el primero del grupo, iniciando de nuevo el proceso. Ganará el grupo que antes terminen todos los jugadores de pasar por la posición de pasador. 2) El mismo ejercicio con la variante de que el pasador seguirá haciéndolo con las manos y el resto lo devuelve con la cabeza. Cinco jugadores forman un círculo quedando uno en medio. 1) Los jugadores se pasan el balón de con las manos sin que caiga al suelo o lo intercepte el compañero que la "queda". 2) Se alterna pasar con las manos y de cabeza. 3) Pasar el balón de cabeza lanzado con las manos el cabeceador.	
	OBJETIVO TÁCTICO	
	Colocación para atacar. Tratar de buscar espacios libres y de que el contrario no esté situado entre el atacante y la portería.	

SESIÓN: 29-30	PERIODO: 16ª Semana.	GRUPO: 4-5 años.

OBJETIVOS:

Físicos: Saltos y giros.

Técnicos: Control y toque por parejas.

Táctico: Colocación para atacar.

MATERIAL: Balones y conos.

ORGANIZACIÓN: Por parejas.

GRÁFICO	ANIMACIÓN	GRÁFICO
	Juego de las cuatro esquinas. Las esquinas son conos que se sitúan alrededor del campo con distancia acorde con el número y características de los jugadores. Los alumnos se ponen por parejas y se colocan tantos conos como parejas menos uno haya. Se coloca una pareja en cada esquina menos una que la "queda". A la señal del monitor todos deben cambiar de sitio lo que aprovechará los que la "quedan" para ocupar alguna esquina. La pareja que no logre un sitio se queda.	

	OBJETIVO FÍSICO	
2) 4) 6) 8) 	Se colocan con un balón por parejas uno frente a otro. 1) Se pasan el balón con las manos sin que les caiga al suelo. 2) Lo mismo desplazándose uno hacia delante y otro hacia atrás. 3) Igual con desplazamientos laterales. 4) Uno corre con el balón en las manos, rodea al compañero que está frente a él, vuelve a su punto de partida y le envía el balón al compañero. 5) Al llegar al compañero realiza un giro alrededor del mismo. 6) El mismo movimiento botando el balón mientras se desplaza. 7) Igual que el anterior y al llegar al compañero da una vuelta alrededor sin dejar de botar. 8) El jugador se desplaza lanzando el balón hacia arriba cogiéndolo en el aire.	1) 3) 5) 7)

OBJETIVO TÉCNICO		
	Los jugadores se colocan uno frente a otro. Utilizando como referencia unos conos pequeños. 1) Se pasan el balón realizando control y toque. 2) Alternar control y pase con pase a la primera. 3) Pasar siempre a la primera. 4) Situado detrás del cono, el jugador que recibe orienta el control hacia el otro lado de dicho cono y lo pasa al compañero que hace lo recibe delante de su cono. Y desde ese lugar realiza el ejercicio. (Al poco tiempo cambian las funciones). 5) El mismo ejercicio recibiendo el balón desde el otro lado del cono por lo que la orientación del control y el pase será distinto. 6) Los dos jugadores situados detrás del cono reciben el balón lo controlan orientándolo hacia el otro lado y lo pasa. 7) Con la misma disposición anterior el pase realizado después del control orientado se hace en diagonal según el gráfico. 8) El jugador se coloca delante del cono, controla el balón orientándolo para dar media vuelta rodear el cono y pasar al compañero que lo devuelve a la primera. (Al poco tiempo cambian las funciones y ejecutar la salida del balón hacia ambos lados. 9) Los dos realizan lo mismo de forma alternativa.	
OBJETIVO TÁCTICO		
	Colocación para atacar consiste en insistirle que tienen que buscar los espacios libres, no estorbar a los compañeros y situarse de tal manera que no haya contrarios entre la portería y los atacantes.	

EDITORIAL WANCEULEN

SESIÓN: 31-32	PERIODO: 17ª Semana.	GRUPO: 4-5 años.

OBJETIVOS:
Físicos: Saltos y giros.
Técnicos: Control y toque.
Tácticos: Colocación para atacar.
MATERIAL: Balones y conos pequeños.
ORGANIZACIÓN: Por tríos.

GRÁFICO	ANIMACIÓN	GRÁFICO
	Juego: "Cabeza de serpiente". Se quedan dos o tres en función del número de jugadores. Persiguen a sus compañeros y según los cojan se les une para seguir persiguiendo, sin soltarse, a los demás. Gana el que más alumnos sumen.	
	OBJETIVO FÍSICO	

Los alumnos se agrupan por tríos, corren uno detrás de otro sin romper la línea y a la señal del monitor realizan:
1) El primero da media vuelta y se pone el último.
2) Igual corriendo hacia atrás.
3) Corriendo lateralmente.
4) El último pasa al primer lugar corriendo hacia delante con cambio de ritmo.
5) El último pasa al primer lugar corriendo hacia atrás.
6) Igual corriendo lateralmente.

Guardando cierta distancia entre los jugadores se realiza:
1) El primero se pone el último dando media vuelta y corriendo en slalon entre los compañeros.
2) Igual corriendo hacia atrás.
3) Igual corriendo lateralmente.
4) El último pasa a primero corriendo en slalon con cambio de ritmo.
5) Igual corriendo de espalda.
6) Igual corriendo lateralmente.
7) Igual dando una vuelta completa alrededor de cada compañero.

	8) Lo mismo dando la vuelta corriendo hacia atrás. 9) Igual dando la vuelta corriendo lateralmente.	
	OBJETIVO TÉCNICO	
2) 4) 8) 	Utilizando como referencia unos conos pequeños se realizan los siguientes ejercicios: 1) Control y pase y cambio de posición. 2) Alternar control y pase con pase a la primera. 3) Pase a la primera. 4) Los de un lado se colocan detrás del cono al recibir el balón realizan un control orientado hacia el otro lado del cono y lo pasan al compañero. 5) El mismo ejercicio recibiendo el balón del lado contrario, por lo que la orientación del control variará y el pase se hará con la otra pierna. 6) En los dos lados se colocarán detrás del cono y realizarán los dos el mismo tipo de control y pase. 7) El mismo ejercicio con pase diagonal. 8) El receptor se coloca delate del cono, realiza un control orientada para dar media vuelta y realizando una pequeña conducción pasa el balón desde el lado contrario. 9) Lo mismo realizando el control hacia el lado contrario que el anterior.	1) 3) 5) 7)
	OBJETIVO TÁCTICO	
	Insistir en los puntos anteriores.	

SESIÓN: 33-34	PERIODO: 18ª Semana.	GRUPO: 4-5 años.

OBJETIVOS:
Físicos: Saltos y giros.
Técnicos: Control y toque por grupos.
Tácticos: Colocación para atacar.
MATERIAL: Balones y aros.
ORGANIZACIÓN: Por parejas y grupos.

GRÁFICO	ANIMACIÓN	GRÁFICO
	Juego: "La piraña" Todos los jugadores, menos uno que se queda, se sitúan en una de las líneas del campo. A la señal del monitor deberán atravesar el campo hacia la línea del frente, procurando no ser cogidos por el que se queda. Los cogidos se unirán al anterior y así sucesivamente. El juego termina cuando todos son cogidos.	
	OBJETIVO FÍSICO	
	Los jugadores se ponen con un aro por parejas. 1) Uno rueda el aro por el campo y el compañero lo va saltando en carrera. 2) Uno hace girar el aro como una peonza y el compañero lo salta. 3) Uno lanza el aro en ida y vuelta y el compañero lo salta. 4) Uno lanza el aro y el compañero trata de introducirse en él. 5) Uno lanza el aro al compañero y este lo coge en el aire. 6) Lo mismo dando un giro antes de recogerlo. 7) Lanzar el aro al compañero de espalda por encima de la cabeza. 8) Lanza en aro hacia arriba y el compañero lo recoge introduciendo la mano en su interior y girando el aro.	

OBJETIVO TÉCNICO	
Se forman grupos de 5-6 jugadores. Se colocan en dos filas una delante de otra según el gráfico: 1) Realizan control y pase y cambian de posición. 2) Alterna control y pase con pase a la primera. 3) Pase a la primera. 4) Desde un lado lo pasan con las manos y después de bote el otro controla y pasa. 5) Con las manos si botar controlan y pasan. En forma de triángulo con dos en cada vértice. Incorporar las siguientes variantes: a) Cambiar la orientación del pase. b) Cambiar el desplazamiento hacia el lado a que se envía el balón o, al contrario: 1) Control y pase con cambio de posición. 2) Alternar control y pase a la primera. 3) Pasar a la primera. Formando un círculo: 1) Control y pase hacia cualquier compañero e intercambiar la posición. 2) Alternar control y pase con toque a la primera. 3) Tocar siempre a la primera. Colocándose un jugador en el centro del círculo: 1) Conducir el balón hacia el centro, relevo técnico y el compañero conduce hacia el compañero siguiente y así sucesivamente. 2) Control y pase con el centro e intercambio de posición. 3) Alternar control y pase con pase a la primera. 4) Siempre a la primera.	
OBJETIVO TÁCTICO	
Los objetivos trabajados con anterioridad.	

SESIÓN: 35-36	PERIODO: 19ª Semana.	GRUPO: 4-5 años.

OBJETIVOS:
  Físicos: Coordinación.
  Técnicos: Control, toque y conducción.
  Tácticos: Saques de puerta.
MATERIAL: Balones y conos.
ORGANIZACIÓN: Circuito.

GRÁFICO	ANIMACIÓN	GRÁFICO
	Juego: Tú la llevas. Uno o dos jugadores llevan un peto en la mano. Persiguen a los demás y al que toca le entrega el peto y se convierte en perseguidor.	
	OBJETIVO FÍSICO	
2) 4) 6) 8) 10) 12)	Se hacen dos grupos y se colocan uno detrás de otro con un cono de referencia hacia donde deben dirigirse y volver al final del grupo. 1) Correr haciendo círculos hacia delante con los dos brazos al mismo tiempo. 2) Lo mismo realizando los círculos hacia atrás. 3) Circular los brazos hacia delante de forma alternativa como un molino. 4) Lo mismo hacia atrás. 5) Oscilar los brazos por delante alternando izquierda y derecha arriba y abajo. 6) Correr elevando las rodillas. 7) Correr llevando los talones a los glúteos. 8) Correr elevando las rodillas y haciendo círculos con los brazos hacia delante. 9) Lo mismo haciendo círculos hacia atrás. 10) Desplazarse elevando las rodillas y corriendo hacia atrás. 11) Lo mismo con círculos de brazos. 12) Hacia delante con elevación de talones y molino de brazos.	1) 3) 5) 7) 9) 11)
	OBJETIVO TÉCNICO	
	Circuito técnico con dos postas que cambian de forma sucesiva.	

Postas de conducción:
1) Conducir hacia el cono con ida y vuelta.

2) Conducir en slalon entre los conos.

3) Conducir en zig-zag entre los conos.

4) Conducir con autopase entre los conos.

Posta de control pase:
1) Control y pase con dos filas enfrentadas.

2) Por parejas control y pase entre los conos.

3) Control y pase entre los jugadores con ida y vuelta según el gráfico.

4) Control y pase con cambio de posición.

OBJETIVO TÁCTICO

Tener en cuenta la colocación y los movimientos a realizar en los saques de puertas.
En defensa:
1) Realizar los saques hacia las bandas que representan menos peligro para nuestra portería en caso de apoderarse el equipo contrario del balón.
2) 2) Los defensas colocarse siempre entre la portería y los jugadores adversario sobre todo enfrente de la meta.
3) Alejar el balón hacia los lados y nunca hacia el frente.
4) Nunca sacar hacia donde se encuentre el mejor jugador del equipo contrario.
En ataque:
1) Sacar hacia los lados y lugar menos ocupado por los adversarios.
2) Abrir mucho el campo para encontrar espacios libres.
3) El que realice el saque debe de encontrar el mayor número de compañeros desmarcados, por lo que hay que moverse para buscar los espacios adecuados.

EDITORIAL WANCEULEN

SESIÓN: 37-38	PERIODO: 20ª Semana	GRUPO: 4-5 años.

OBJETIVOS:
Físicos: Coordinación.
Técnicos: Control, toque y conducción.
Tácticos: Saque de puerta.
MATERIAL: Cuerdas, balones y conos.
ORGANIZACIÓN: Por tríos.

GRÁFICO	ANIMACIÓN	GRÁFICO
	Juego: El ratón y el gato. Por parejas uno de ellos llevar la cuerda arrastrando cogida entre el cuerpo y el pantalón a modo de cola de ratón. A la señal los ratones corren y los gatos tratan de pisarle la cola. Al realizarlo cambian de función.	

	OBJETIVO FÍSICO	
2) 4) 8) 10) 12) 	Cada uno con una cuerda corren por el campo y realizan: 1) Llevan la cuerda doblada en varias veces y la tiran hacia arriba y la recogen en el aire con las dos manos. 2) Lo mismo la cogen con la mano derecha. 3) Igual con la izquierda. 4) Con un pie. 5) Con cualquier parte del cuerpo. 6) Con la cuerda agarrada por una punta liarla alrededor del brazo derecho. 7) Igual con el brazo izquierdo. 8) Liarse la cuerda alrededor del cuerpo. 9) Agarrada la cuerda por las dos puntas girarla por encima de la cabeza como un helicóptero. (Cambiar de mano) 10) Igual por delante como las hélices de un avión. (Cambiar de mano) 11) Corriendo hacia atrás culebrear la cuerda por el suelo. 12) Saltar la comba.	1) 3) 5) 7) 9) 11) 13)

	13) Cogida por las dos puntas hacerla girar cerca del suelo y saltarla.	

OBJETIVO TÉCNICO		

Uno frente a otro, realizan los siguientes ejercicios:

1) Se pasan el balón con control y toque.

2) Alternar control y pase.

3) Toque a la primera.

4) Conduce hasta rodear al compañero vuelve al punto de partida y le pasa el balón.

5) Uno pasa el balón con las manos para que el balón de un bote, el compañero controla después del bote, conduce hacia el mismo, lo rodea y al llegar al punto de partida le pasa el balón.

6) El mismo ejercicio enviando el balón de tal forma que el compañero controle sin botar.

7) El mismo ejercicio pasando el balón con la cabeza.

8) Igual pasándolo con el pie de volea después de botar.

OBJETIVO TÁCTICO		

Insistir en los puntos de las sesiones anteriores sobre el saque de puerta.

EDITORIAL WANCEULEN

SESIÓN: 39-40	PERIODO: 21ª Semana	GRUPO: 4-5 años.

OBJETIVOS:
Físicos: Coordinación con balón.
Técnicos: Control, toque y conducción.
Tácticos: Saque de banda.
MATERIAL: Balones y conos.
ORGANIZACIÓN: Por tríos.

GRÁFICO	ANIMACIÓN	GRÁFICO
	Juego: Las cuatro esquinas. Se colocan alrededor del campo tanto conos (esquinas) como tríos haya menos uno. Un trío se queda. Los otros ocupan su esquina y a la señal del monitor deben de cambiar de esquina, lo que aprovecharán los que se quedan en ocupar alguna esquina libre. Los que se quedan sin esquinas pasan a quedarse.	

	OBJETIVO FÍSICO	
2) 4) 6) 8) 10) 12) 14)	Cada uno con un balón corren por el campo: 1) Llevan el balón de una mano a otra. 2) Lo botan en todas las direcciones. 3) Lo botan con la mano menos hábil. 4) Botar el balón cada vez con una mano. 5) Botar el balón con la siguiente secuencia: 1 derecha, 1 izquierda, 2 derecha, 2 izquierda, 3 derecha, 3 izquierda... 6) Botar el balón desplazándose lateralmente de un lado a otro. 7) Botar el balón corriendo hacia atrás. 8) Botar el balón pasándole las piernas por encima. 9) Lanzar el balón hacia arriba y cogerlo con las manos después de un bote. 10) Igual sin que bote, recogerlo por encima de la cabeza. 11) Igual y cogerlo lo más cerca posible del suelo. 12) Igual cogiendo el balón después de una palmada. 13) Después de dos, tres... palmadas. 14) Lanzarlo hacia arriba y recogerlo sentado. 15) Tirarlo desde sentado y recogerlo de pie. 16) Botarlo contra el suelo y recogerlo antes de que bote por segunda vez, después de dar una vuelta completa sobre si mismo.	1) 3) 5) 7) 9) 11) 15)

	OBJETIVO TÉCNICO	
	Se colocan dos y uno según el gráfico y realizan lo siguiente: 1) Control y pase con cambio de posición. 2) Alternar control y pase con un solo toque. 3) Pasar a la primera. 4) En una dirección se conduce y en la otra se pasa a la primera. 5) Se conduce en las dos direcciones. 6) Enviar el balón con las manos teniendo en cuenta las reglas del saque de banda. 7) En una dirección se hace el saque de banda y en la otra se pasa después del control. 8) En una dirección se hace el saque de banda y en la otra se conduce después del control. 9) Colocando unos conos, conducción en slalon en una dirección y en la otra en línea recta. 10) Conducir en slalon en una dirección y pasar en la otra. 11) Conducir en las dos direcciones. 12) Colocando conos en zig-zag, conducir en una dirección entre los conos y en línea recta en la otra. 13) Conducir en zig-zag en una dirección y pasar en la otra. 14) Conducir en zig-zag en las dos direcciones.	

	OBJETIVO TÁCTICO	
	Colocación y movimientos en el saque de banda. Primero sería interesante enseñarle la técnica del saque de banda, como se ha hecho con anterioridad. Tener en cuenta en defensa: 1) Colocarse entre la portería y el adversario. 2) Despejar hacia los laterales. 3) Ocupar bien los espacios delante de la portería. En ataque: 1) Moverse y no ponerse detrás de los adversarios. 2) No sacar hacia atrás cuando haya adversarios. 3) Tampoco sacar en horizontal. 4) Sacar siempre en dirección de la portería adversaria.	

EDITORIAL WANCEULEN

SESIÓN: 41-42	PERIODO: 22ª Semana.	GRUPO: 4-5 años.

OBJETIVOS:
Físicos: Técnica de la carrera.
Técnicos: Control, toque, conducción y tiro.
Tácticos: Saque de esquina.
MATERIAL: Balones, conos, aros y cuerdas.
ORGANIZACIÓN: Por parejas y Circuito.

GRÁFICO	ANIMACIÓN	GRÁFICO
4)	Juego: Por parejas cogidos de las manos sin soltarse realizan estos ejercicios: 1) Saltar los aros sin tocarlos. 2) Saltar con los pies juntos. 3) Saltar a la pata coja. 4) Saltar girando. 5) De pie dentro del aro. 6) Sentados dentro del aro. 7) Se colocan tantos aros menos uno que parejas y a la señal cada pareja busca un aro; los que no lo encuentren pierden.	1) 3)
	OBJETIVO FÍSICO	
2) 1)	Circuito de factores de la velocidad. Dos recorridos con cuatro postas cada uno. Primer recorrido: 1. Saltar los aros con los pies juntos. 2. Correr con zancadas cortas con impulso en el interior de cada aro. 3. Saltar de forma alternativa con pies juntos y separados según los aros. 4. Ampliar la zancada con impulso en el interior de cada aro. Segundo recorrido. 1. A la pata coja en el interior de cada aro. 2. Con pies juntos saltar por encima de los conos con impulso en los aros. 3. Dar el menor número de zancadas posibles entre las dos cuerdas. 4. Frecuencia de zancada entre las cuerdas.	3) 2)

OBJETIVO TÉCNICO	
Se colocan por pareja frente a la portería realizando los ejercicios alternando por la izquierda y por la derecha. 2) 1) Pasan el balón entre los conos finalizando con tiro. 2) Uno conduce en slalom entre los conos y pasa al compañero que se desmarca. 3) Uno realiza un pase largo, el compañero controla y conduce entre los conos y tira. 4) Uno realiza un pase largo, el compañero controla, conduce entre los conos y hace la pared con el primero para tirar a puerta. 5) El tirador hace un pase largo al compañero que controla y temporiza hasta que el compañero después de correr en zig-zag entre los conos pueda recibir el pase que termina con tiro a puerta.	1) 5)

OBJETIVO TÁCTICO	
Movimientos y colocación en saque de esquina. En defensa: 1) Como siempre colocarse entre la portería y el adversario. 2) Despejar hacia los lados. 3) Marcar por estaturas. En ataque: 1) Salir acompañando al balón en los despejes. 2) Iniciar las salidas por las bandas. 3) Colocarse más cerca de la portería que el adversario. 4) Buscar ángulos favorables para el remate.	

SESIÓN: 43-44	PERIODO: 23ª Semana	GRUPO: 4-5 años.

OBJETIVOS:
Físicos: Técnica de la carrera.
Técnicos: Control, toque, conducción y tiro.
Tácticos: Movimientos del equipo en función del balón.
MATERIAL: Cuerdas, conos, aros y balones.
ORGANIZACIÓN: Circuito y tríos.

GRÁFICO	ANIMACIÓN	GRÁFICO
2) 4) 6) 	Por parejas corren por el campo realizando los ejercicios siguientes: 1) Uno detrás de otro con las manos en los hombros se desplaza dando saltos con los pies juntos. 2) Igual abriendo y cerrando piernas. 3) Uno frente a otro con las manos en los hombros, saltan con pies juntos lateralmente. 4) Igual saltan adelante y atrás. 5) Igual adelantando y atrasando las piernas. 6) Igual elevando las rodillas. 7) Igual con talones a los glúteos.	1) 3) 5) 7)
	OBJETIVO FÍSICO	
b) d) b) d) 	Circuito de factores de la velocidad con dos recorridos y 4 potas cada uno. 1) Recorrido. a) Saltar con pies juntos los conos. b) Saltar de aro en aro con una pierna cada vez. c) Entre las dos primeras cuerdas elevar rodillas, las dos siguientes, talones por detrás, las dos siguientes rodillas y las dos últimas, talones. d) Ampliar zancadas entre las cuerdas. 2) Recorrido. a) Saltar con pies juntos los aros que cada vez están más separados. b) Juntar y separar piernas. c) Entre las dos primeras cuerdas hacer frecuencia de zancadas, entre las otras dos normas y entre las últimas, frecuencia de zancadas.	a) c) a) c)

	OBJETIVO TÉCNICO	
	Los jugadores se ponen por tríos con un balón cada uno. Ejercicios competitivos entre los componentes del trío. Gana el que haga gol antes, respetando las reglas. Se colocan frente a la portería según el gráfico y a la señal del monitor: 1) Corren hacia el balón y tiran a puerta. 2) Desde sentado se dirigen al balón. 3) Boca abajo. 4) Conduciendo el balón desde el punto de partida, tiran entre los conos. 5) Desde sentados, conducen y tiran. 6) Desde boca abajo, conducen y tiran. 7) De espalda a la portería controlan el balón que les pasa los compañeros que esperan el turno, conducen y tiran. 8) Conducen, auto-pase en el cono, conducen y tiran. 9) Conducen, slalon y tiro. 10) Conducen, zig-zag y tiro.	
	OBJETIVO TÁCTICO	
	Movimiento del equipo en función del balón. Consiste en bascular los jugadores, sin perder la colocación en función de donde se encuentre el balón. 1) Cerca de nuestra portería los delanteros deben de estar en medio campo. 2) Cerca de la portería adversaria la defensa debe de adelantarse. 3) En los laterales bascular hacia los lados.	

SESIÓN: 45-46	PERIODO: 24ª Semana.	GRUPO: 4-5 años.

OBJETIVOS:
Físicos: Acondicionamiento general
Técnicos: Repaso fundamentos.
Tácticos: Movimientos del equipo en función del balón.
MATERIAL: Balones y conos y petos.
ORGANIZACIÓN: Por parejas y grupos.

GRÁFICO	ANIMACIÓN	GRÁFICO
2 2) 4) 6) 8)	Corren por el campo y a la señal del monitor: 1) Se sientan. 2) Boca abajo. 3) Boca arriba. 4) Se sientan con las manos en la cabeza y se levantan sin quitársela. 5) Elevando las rodillas. 6) Elevando los talones. 7) Saltando y caer semi-flexionados. 8) Saltar y girar.	1) 3) 5) 7)
	OBJETIVO FÍSICO	
2) 4) 6) 8)	Los jugadores se ponen por parejas: 1) Enfrentados y con las manos en los hombros saltan lateralmente con los pies juntos. 2) Igual hacia delante y hacia atrás. 3) Elevan rodillas. 4) Elevan talones. 5) Pasar continuamente y de forma sucesiva por debajo de las piernas del compañero. 6) Uno boca abajo y el otro lo salta con los pies juntos. 7) Igual a la pata coja. 8) Uno boca abajo y el compañero lo salta, se pone en posición de tierra inclinada y el compañero pasa por debajo de forma alternativa. 9) Boca arriba con piernas flexionadas, el compañero lo salta a la altura de las rodillas.	1) 3) 5) 7) 9)

10) En posición de tierra inclinada el compañero pasa por debajo, flexiona las piernas y se agrupo y el compañero lo salta.

11) Sentado con los brazos en cruz y piernas juntas y extendidas, el compañero salta las piernas y los brazos en cruz.

12) Sentado con piernas abiertas y el compañero de pie entre ellas.; abrir y cerrar piernas mientras el compañero salta abriendo y cerrando piernas.

13) Sentado con las piernas extendidas y un poco elevadas, oscilar las piernas de un lado a otro mientras el compañero salta.

OBJETIVO TÉCNICO

Se hacen equipos de 6 jugadores para realizar los siguientes juegos:

5x1

1) Forman un círculo con uno en medio que la queda. Los jugadores se pasan el balón con las manos sin que caiga al suelo ni intercepte el que la queda.

2) Igual utilizando las manos para controlar y los pies para pasar de volea.

3) Lo mismo teniendo que controlar el balón con cualquier parte reglamentaria antes de cogerlo con las manos.

4) Lo mismo con el pie, teniendo como máximo tres toques para pasar.

5) Lo mismo con juego de cabeza. Se puede utilizar las manos para coger el balón y elevarlo para pasar.

6) Lo mismo alternando pasar con las manos y cabecear.

4x2.

1) Cuatro jugadores se pasan el balón con las manos contra dos que tratan de quitarles el balón. Se va salvando el que más tiempo lleve quedándose.

2) El balón en las manos y tienen que pasarlo con los pies. Se utilizan las manos para controlar y los pies para pasar. El balón puede dar un bote en el suelo.

3) Igual realizando el control con cualquier parte reglamentaria antes de coger el balón con las manos.

4) Igual pasando el balón con la cabeza.

5) Pasar el balón con el pie, teniendo como máximo tres toques.

OBJETIVO TÁCTICO

Continuar lo tratado con anterioridad.

SESIÓN: 47-48	PERIODO: 25ª Semana.	GRUPO: 4-5 años.

OBJETIVOS:
 Físicos: Acondicionamiento general.
 Técnicos: Repaso de fundamentos.
 Tácticos: Ayudar en defensa y en ataque.
MATERIAL: Balones, conos y petos.
ORGANIZACIÓN: Por tríos y equipos.

GRÁFICO	ANIMACIÓN	GRÁFICO
	Los jugadores corren por el campo y a la señal del monitor hacen lo siguiente: 1) Se ponen por parejas. 2) Se ponen por tríos. 3) Por parejas sentados uno al lado de otro. 4) En grupos de cuatro. 5) Por tríos boca abajo. 6) En grupos de 6 formando un corro. 7) Todas las variantes posibles...	

	OBJETIVO FÍSICO	
	Por tríos corriendo uno detrás de otro y a la señal del monitor: 1) El primero se pone último dando media vuelta. 2) Igual corriendo de espalda. 3) Corriendo lateralmente. 4) El último se pone primero. 5) Igual corriendo de espalda. 6) Corriendo lateralmente. Se paran y estando uno detrás de otro: 1) Pasan se forma sucesiva por debajo de las piernas. 2) Separándose un poco pasan en slalon. 3) Girando alrededor de cada uno. Uno se pone boca abajo. 1) los otros dos lo saltan con pies juntos lateralmente. 2) Lo saltan a la pata coja. 3) Lo saltan hacia delante y atrás. 4) Uno hace la carretilla y los otros lo cogen cada uno de una pierna. 5) Uno lo coge de los brazos y otro de las piernas y lo balancean.	

	6) Uno se queda firme y los otros dos lo empujan de un lado a otro sin que caiga.	
	OBJETIVO TÉCNICO	
	Se hacen dos grupos y en campos diferentes realizan los siguientes juegos. Teniendo en cuenta de cambiar de campo a los dos grupos. A) Juegan 3x3 con porterías de 12 metros. Los jugadores se pasan el balón con la oposición de los contrarios. Para hacer gol válido hay que pasar entre las porterías conduciendo el balón y detenerlo como máximo un metro después de la línea de gol. B) Juegan 3x3 pasándose el balón con las manos. Hace un gol el equipo que se la pase 6 veces seguida sin que caiga al suelo. C) Pasando el balón con los pies el gol se consigue cuando lo pasan 5 veces seguidas.	
	OBJETIVO TÁCTICO	
	Ayudar en defensa y en ataque. Resaltar la solidaridad entre los jugadores de un equipo. Para ello hay que ser sacrificado y tener en cuenta lo trabajado con anterioridad.	

SESIÓN: 49-50	PERIODO: 26ª Semana.	GRUPO: 4-5 años.

OBJETIVOS:
Físicos: Condicionamiento general.
Técnicos: Repaso de fundamentos.
Tácticos: Ayudar en defensa y en ataque.
MATERIAL: Balones, conos y petos.
ORGANIZACIÓN: Por grupos.

GRÁFICO	ANIMACIÓN	GRÁFICO
2) 4)	Se hacen dos equipos y se colocan los jugadores de cada equipo unos detrás de otros con un cono como referencia. 1) Con los jugadores de pie. El primero de la fila pasa el balón por su derecha al de atrás y así hasta el último. Éste coge el balón y corre hasta ponerse primero e iniciar de nuevo el ejercicio. El juego termina cuando el que estaba primero vuelve a la misma posición. 2) Igual pasando el balón por la izquierda. 3) Pasando el balón con las dos manos por encima de la cabeza. 4) Pasando el balón entre las piernas. 5) Con los jugadores sentados se repiten tres de los ejercicios anteriores.	1) 3) 5)
	OBJETIVO FÍSICO	
2) 4)	Con la misma disposición que en los juegos anteriores, realizan carreras de relevos. El primero corre hasta un cono que está a unos 10-12 metros, vuelve y entrega el balón al segundo y así sucesivamente. Gana el equipo que el último llegue antes al punto de partida. Los que hayan terminado de correr deben sentarse al final de la fila, para evitar confusión a la hora de dar un ganador. 1) Correr con el balón en las manos. 2) Correr con el balón en las manos de frente la ida y de espalda la vuelta. 3) Correr la ida y vuelta de espalda. 4) Correr con el balón encima de la cabeza. 5) Igual, la ida de frente y la vuelta de espalda. 6) Igual, ida y vuelta de espalda. 7) Correr con el balón en la espalda.	1) 3) 5) 7) 9)

10)	8) Igual, la ida normal y la vuelta de espalda. 9) Igual, ida y vuelta de espalda. 10) Correr botando el balón la ida y con el balón en las manos la vuelta.	
	OBJETIVO TÉCNICO	
2) 4) 6)	Con los dos equipos anteriores se hace de forma competitiva los ejercicios siguientes: 1) Conducen el balón hasta el cono, lo para y lo pasa al jugador siguiente. 2) Conducción de ida y vuelta. 3) Conducción en slalon entre los conos y pasar al llegar al otro lado. 4) Conducción en slalon de ida y vuelta. 5) Enfrentado en dos mitades que grupo da antes 30 toques. 6) Enfrentados en dos mitades desde un lado se pasa el balón con las manos y desde el otro de cabeza. (Gana el que antes llegue a 20 toques de cabeza) 7) Igual que el anterior, lo pasan de cabeza echándose ellos mismo el balón hacia arriba con las manos.	1) 3) 5) 7)
	OBJETIVO TÁCTICO	
	Insistir en la solidaridad del equipo tanto para defender como atacar. Para ello hay que tener en cuenta lo trabajado con anterioridad.	

SESIÓN: 51-52	PERIODO: 27ª Semana.	GRUPO: 4-5 años.

OBJETIVOS:
  Físicos: Acondicionamiento general.
  Técnicos: Repaso fundamentos técnicos.
  Tácticos: Ayudar en ataque y en defensa.
MATERIAL: Aros, conos, cuerdas y balones.
ORGANIZACIÓN: Circuito.

GRÁFICO	ANIMACIÓN	GRÁFICO
	Juego: La piraña.	
	OBJETIVO FÍSICO	
	Circuitos de carreras con dos recorridos con cuatro postas cada una. Recorrido1. 1ª Posta: Correr en slalon entre los conos. 2ª Posta: Saltar entre los conos tumbados. 3ª Posta: Correr hacia delante y hacia atrás de un cono a otro. 4ª Posta: Correr lateralmente de un cono a otro. Recorrido 2. 1ª Posta: Correr en zig-zag entre los conos. 2ª Posta: Dar las menos zancadas posibles entre las cuerdas. 3ª Posta: Saltar con los pies juntos desde el interior de los aros. 4ª Posta: Saltar la comba.	
	OBJETIVO TÉCNICO	
	Juego contra una portería. Participantes: 6 jugadores. 2x2+ 2 comodines. Cada cierto tiempo cambian las funciones de los comodines. Dos jugadores tratan de hacer gol en la portería con la oposición de otros dos. Los jugadores atacantes cuentan con la ayuda de dos comodines que se sitúan fuera de una zona señalada con conos que no podrán tirar a puerta. Cuando los jugadores que defienden pierden el balón, para poder tirar a puerta tienen que pasar el balón a algunos de los comodines.	
	OBJETIVO TÁCTICO	
	Insistir en los puntos tratados con anterioridad.	

SESIÓN: 53-54	PERIODO: 28ª Semana	GRUPO: 4-5 años

OBJETIVOS:
  Físicos: Carreras.
  Técnicos: Repaso de fundamentos técnicos.
  Tácticos: Ayudar en defensa y en ataque.
MATERIAL: Balones, conos y petos.
ORGANIZACIÓN: Por grupos.

GRÁFICO	ANIMACIÓN	GRÁFICO
	Juego: Las cuatro esquinas.	
	OBJETIVO FÍSICO	
4)	Se hacen dos equipos. Se colocan según el gráfico para realizar diversas carreras: 1) El primer jugador tiene tres conos pequeños que debe llevar de uno en uno al interior de los aros que están colocados de más cerca de más lejos. El segundo jugador hará a la inversa, recogerá conos y los llevará a la línea de salida y así sucesivamente. 2) Lo mismo, realizando la carrera de ida hacia delante y la vuelta hacia atrás... 3) El primero de la fila correrá hasta el cono y al volver se le unirá el segundo jugador, los dos harán el recorrido juntos. A la vuelta se le unirá el tercero y el primero se queda en la línea de salida y así sucesivamente. 4) Cada jugador correrá realizando un giro en cada uno de los tres conos que hay en el recorrido. 5) Saldrá el primer jugador y correrá hasta el cono dándole la vuelta. Al volver se le unirá el segundo que harán lo mismo; a continuación, se les irán uniendo el resto de los compañeros.	1) 3)
	OBJETIVO TÉCNICO	
	Juego de posesión de balón: Juego número 1. Nº jugadores: 6 El campo está dividido en tres zonas según el gráfico. En la zona central 2x2 jugadores se pasan el balón tratando de hacerlo llegar a un tercer jugador que está situado cada uno en las dos zonas restantes. Estos jugadores pertenecen cada una a unas de las parejas. Se conseguirá un punto cada vez que el balón llegue al jugador correspondiente.	

2)	Juego número 2. Nº jugadores: 6. El campo tendrá dos porterías de 12 metros. Jugarán 3x3 que tratarán de pasar con el balón controlado por la línea de gol con la oposición de los adversarios. Para que el gol sea válido el jugador debe parar el balón después de la línea con un margen de un metro.	
	OBJETIVO TÁCTICO	
	Insistir en lo tratado con anterioridad.	

www.ingramcontent.com/pod-product-compliance
Lightning Source LLC
Chambersburg PA
CBHW050356100426
42739CB00015BB/3420

* 9 7 8 8 4 9 9 9 3 9 2 1 6 *